Die 12 Eigenheiten des Geldes

Entwürfe für die Zukunft – Band 21

Kontakt: www.HarryEilenstein.de
Harry.Eilenstein@web.de
Harry Eilenstein bei youtube

Verlag: BoD · Books on Demand GmbH, Überseering 33, 22297 Hamburg, bod@bod.de
Druck: Libri Plureos GmbH, Friedensallee 273, 22763 Hamburg

ISBN: 978-3-7693-4036-5

Inhaltsübersicht

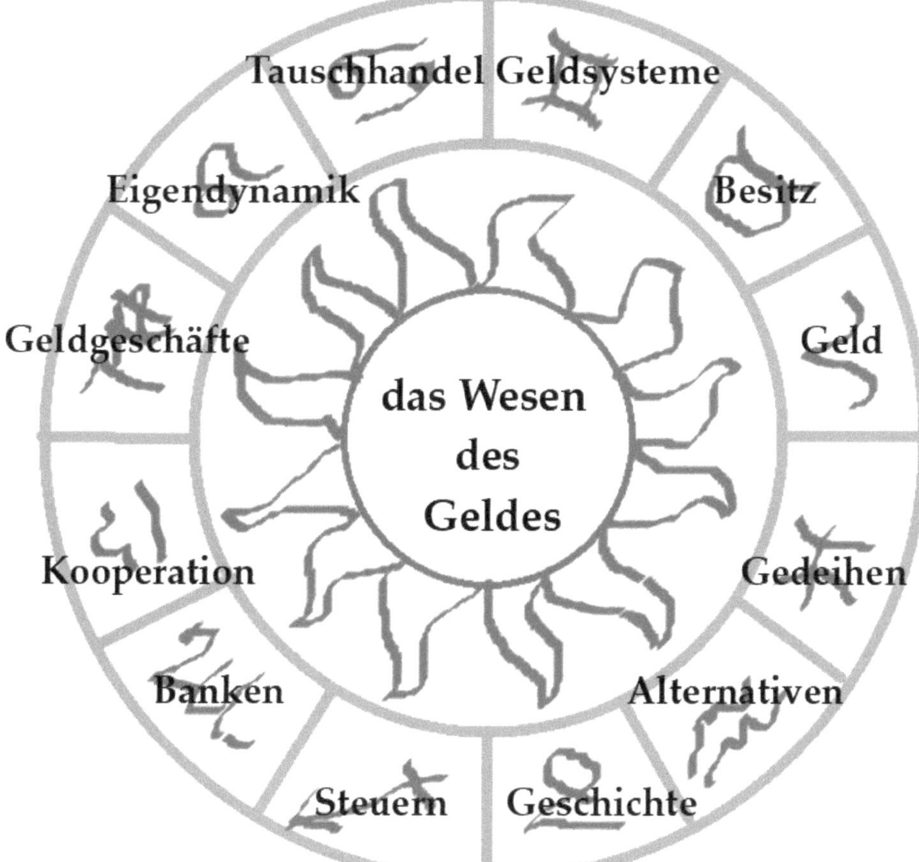

Warum 12?

Alle Bücher dieser Reihe haben genau 12 Kapitel – was sich ja auch in den Titeln dieser Bücher widerspiegelt. Warum?

In diesen Büchern wird der Tierkreis als Matrix von 12 verschiedenen Sichtweisen auf die Welt verwendet, um das Thema des Buches möglichst umfassend in 12 Kapiteln zu betrachten. Dadurch wird eine ausgewogenere, umfassendere und tiefere Einsicht in das jeweilige Thema erlangt als es ohne ein solches Raster, ohne eine solche Matrix möglich wäre.

Der Tierkreis wird in dieser Buch-Reihe als Forschungs-Hilfsmittel benutzt, durch das die Einseitigkeiten in der Betrachtung zumindest vermindert werden können. Weiterhin werden durch dieses Vorgehen diese 12 Sichtweisen auch als Ergänzungen zueinander, als organische Teile eines Ganzen deutlich.

Die Inspiration zu diesem Vorgehen stammt aus Hermann Hesses Roman „Das Glasperlenspiel", für das er 1946 den Literatur-Nobelpreis erhielt. In diesem Roman beschreibt er die öffentlichen Darstellungen von Übersichten und Gesamtbetrachtungen, die mithilfe von verschiedenen allgemeinen Strukturen wie z.B. dem Ba Gua aus dem chinesischen Feng-Shui angefertigt und aufgeführt werden.

Diese Buch-Reihe ist ein Versuch, Hesse's Idee im ganz Kleinen konkret zu verwirklichen.

Die Blickwinkel der 12 Tierkreiszeichen sind:

♈	Widder:	Spontaner
♉	Stier:	Genießer
♊	Zwilling:	Neugieriger
♋	Krebs:	Familienmensch
♌	Löwe:	Egozentriker
♍	Jungfrau:	Handwerker
♎	Waage:	Schöngeist
♏	Skorpion:	Tiefgründiger
♐	Schütze:	Idealist
♑	Steinbock:	Realist
♒	Wassermann:	Theoretiker
♓	Fische:	Träumer

1. Geld

♈

Aus dem 1972 veröffentlichten Lied „Money, Money" von Joel Grey und Liza Minelli stammt der berühmte Spruch „Money makes the world go round". Er zeigt deutlich, als wie wichtig das Geld empfunden wird.

Das ist kein Wunder, denn das Geld gibt uns die Möglichkeit, uns die Dinge zu kaufen, die wir haben wollen – und zuvor müssen wir arbeiten, um dafür Geld zu erhalten.

Doch das Geld hat viele Aufgaben. Vier dieser Aufgaben sind „direkte Aufgaben":

- Geld ist ein allgemeines Tauschmittel: Dabei wird vor allem Geld gegen Arbeit sowie Geld gegen Waren getauscht. Doch man kann Geld auch für Bestechungen benutzen, man kann Geld für gute Projekte spenden … man kann es sogar stehlen und rauben und auf betrügerische Weise erwerben …

- Geld ist ein allgemeiner Wertmaßstab: Dadurch, dass der Wert jeder Sache und jeder Dienstleistung durch einen Geldbetrag bezeichnet werden kann, entsteht ein leicht zugängliches Gesamtsystem von Werten, das den schnellen Vergleich des Wertes der verschiedenen Waren und Dienstleistungen ermöglicht.

- Geld ist eine Recheneinheit: Dadurch, dass das Geldbeträge jede beliebige Größe haben können, kann der Wert der zehnfachen Menge, der Hälfte einer Menge, der Gruppe von verschiedenen Waren usw. leicht berechnet werden.

- Geld ist ein Wertaufbewahrungs-Objekt: Da Geld nicht verdirbt, kann Geld aufbewahrt und zu einem späteren Zeitpunkt verwendet werden. Das wäre z.B. bei einem Tauschhandel mit Pfirsichen nicht möglich.

Zwei weitere dieser Aufgaben des Geldes sind „indirekte Aufgaben":

- Geld ist die Einnahmequelle der Banken: Banken erhalten für das Ausleihen von Geld von dem Geldnehmer Zinsen.

- Geld ist ein Spekulationsobjekt: Durch den Handel mit Devisen und Wertpapieren aller Art wird das Geld selber zur gehandelten Ware.

Diese Vielfalt der Aufgaben des Geldes macht das Geld seit seiner Erfindung um 700 v.Chr. in Lydien in der westlichen Türkei zu einem zentralen Element im Leben der Menschen.

„Geld bewirkt viel, ein kluges Wort kaum weniger."
(aus China)

„Geld mag die Schale für vieles sein, aber nicht der Kern. Es verschafft Dir Essen, aber nicht Appetit – Medizin, aber nicht Gesundheit – Möglichkeiten zum Kennenlernen, aber nicht Freunde – Diener, aber nicht Treue – Tage der Freude, aber nicht Frieden noch Glück."
(Henrik Johan Ibsen)

„Mach Geld zu Deinem Gott und es wird Dich plagen wie der Teufel."
(Henry Fielding)

„Sinn des Lebens: Etwas, das keiner genau weiß. Jedenfalls hat es wenig Sinn, der reichste Mann auf dem Friedhof zu sein."
(Peter Ustinov)

2. Besitz

... Mäuse, Kröten, Mücken, Flöhe, Eier ...

Die ersten Dinge, die als Geld benutzt wurden, waren Dinge, die einen geringen Wert hatten oder die man in jede beliebige Menge aufteilen konnte. Das Geld war dabei entweder eine konkrete, vielbenutzte Ware, die als einfache Bezugsgröße wie „3 Pfund Reis" verwendet werden konnte, oder eine abstrakte Größe ohne konkreten eigenen Wert wie „27 Muscheln".

Da Muscheln zerbrechen konnte, ging man nach eine Weile dazu über, etwas Seltenes wie Gold als Wert-Bezugsgröße, also Geld zu benutzen – zum Beispiel „250g Gold".

Um das Gold nicht dauernd wiegen zu müssen, wurde um ca. 700 v.Chr. der Gewichtstempel auf dem Goldstück eingeführt, wodurch die erste Münze entstand. Durch diese Goldmünzen erhielt das Gold erst einen wirklichen Wert – Gold an sich ist im Handwerk kein besonders vielseitiger und daher aus handwerklicher Sicht auch kein wertvoller Wertstoff.

Diese Goldmünzen wurden dann nach einiger Zeit durch Silber-, Bronze- und Kupfermünzen ergänzt, um auch kleinere Werteinheiten zu schaffen.

Der nächste Schritt war die Herausgabe von Scheinen, die einen Anspruch auf das Gold in den Tresoren der Banken war – die Gold-gedeckte Währung.

Schließlich verzichtete man auf die Gold-Deckung, wodurch die Geldscheine sozusagen ein gesamtgesellschaftlicher Vertrag wurden, in dem der Wert dieser Scheine allgemein anerkannt wurde.

Der nächste Entwicklungsschritt war das Buchgeld oder Girogeld, das nicht mehr in Scheinen – also als Bargeld – vorliegt, sondern lediglich in den Konten der Bank als Guthaben, Darlehen, Überweisung usw. erscheint.

Inzwischen sind zusätzlich zu dem von den einzelnen Staaten oder Staatenbünden herausgebenen Geld über 6600 Kryptowährungen („verborgene Währung") erschaffen worden, die nur noch digital im Internet existieren. Die 12 wichtigsten Kryptowährungen in der Reihenfolge ihrer Wichtigkeit sind: Bitcoin, Ethereum, Tether, Binance Coin, Solana, USD Coin, Ripple, Dogecoin, Cardano, Toncoin, Shiba Inu und Avalanche.

Kryptowährungen haben drei Probleme: Zum einen erschaffen sie einen Schattenmarkt, der steuerlich nur schwer erfassbar ist; zum anderen sind ausgesprochen interessant für illegale Aktivitäten – allerdings stehen nur 0,15% der Aktivitäten nachweislich in Zusammenhang mit kriminellen Aktivitäten; und drittens haben sie einen extrem hohen Stromverbrauch – alleine Bitcoin verbraucht pro Jahr 75,4 Terawattstunden – das ganze Land Österreich verbraucht lediglich 69,9 Twh/Jahr. Als viertes, jedoch kleineres Problem kommt noch hinzu, dass mittlerweile Bitcoins im Wert von ca. 115 Millarden Euro brachliegen brach, weil keine Zugriffsmöglichkeit auf sie mehr besteht (Passwort verloren u.ä.).

Es ist sinnvoll, Geld von Besitz und von Vermögen zu unterscheiden. Besitz besteht aus konkreten Dingen wie Häusern und Grundstücken. Vermögen besteht zusätzlich noch aus Wertpapieren, Geld auf Konten u.ä.

Geld hingegen ist einfach nur das allgemein anerkannte Tauschmittel.

„Es liegt in der Natur der Dinge, dass sie dorthin fließen, wo es sie weniger gibt – das gilt nicht für das Geld.“

(Andrej Okorn)

„Geld erwerben erfordert Klugheit; Geld bewahren erfordert eine gewisse Weisheit, und Geld schön auszugeben ist eine Kunst.“

(Berthold Auerbach)

„Das Einzige, was der Mensch ohne Vorbilder geschaffen hat ist Geld, und prompt wurde es zu einem großen Problem.“

(Hans-Jürgen Quadbeck-Seeger)

„Geldmangel ist ein Segen. Niemand vermag zu sagen, wie viele politische Dummheiten durch Mangel an Geld schon verhindert worden sind.“

(Charles Maurice de Talleyrand)

3. Geldsysteme

Ⅱ

Man könnte Geld als das „Blut des Wirtschaftskreislaufs" ansehen: es ermöglicht den Handeln und das Verschieben von Werten.

Es lag daher nahe, mit verschiedenen Arten von Geld zu experimentieren. Allerdings ist bis heute das von einem Staat in Form von Scheinen und Münzen herausgegebene Geld die weitaus wichtigste Geldform geblieben. Die Münzen sind zwar mittlerweile zu einem gewissen Teil durch die Bezahlung mithilfe von Bankkarten ersetzt worden, doch dabei ist die Bankkarte in Grunde nur eine Abkürzung des Weges zu der Bank, bei der der Kunde das Geld holt und der Unternehmer anschließend das Geld wieder zurückbringt.

Die alternativen Geldsysteme unterscheiden sich in den allermeisten Fällen kaum von dem offiziellen „Staatsgeld". Sie gelten allerdings in den meisten Fällen nur innerhalb eines Unternehmens, einer Gemeinde oder eines anderen regional oder auf eine andere Weise begrenzten Bereiches. Innerhalb dieses Bereichs haben die an diesem Geldsystem teilnehmenden Personen miteinander vereinbart, dass sie dieses Alternativ-Geld als Tauschmittel ansehen. Es gibt heute mehrere 100 Regionalwährungen.

Ein Vorteil dieser alternativen Geldsysteme ist es, dass sie unabhängig von der Entwicklung des „Staatsgeldes" funktionieren. Daher entstehen solche alternativen Geldsystems vor allem in Krisenzeiten wie galoppierender Inflation, Nachkriegs-zeiten und ähnlichem. Allerdings werden solche alternativen Währungen zum Teil auch gegründet, um regionale Traditionen und regionale Eigenheiten zu bewahren oder um die gegenseitige Nachbarschaftshilfe zu fördern.

Daraus ergibt sich ein zweiter, allgemeiner Vorteil von alternativen Geldsystemen: Die „Artenvielfalt" beim Geld macht das Geld flexibler und stabiler.

Es gab auch Ansätze zu Geldformen, die sich deutlich vom „Staatsgeld" unterschei-den wie das 1920 von Silvio Gesell eingeführte „Freigeld". Dieses Geld verlor nach drei Monaten seinen Wert, wenn man es nicht für den Preis von 2% seines Wertes wieder „aktivierte". Der Sinn dieser auf den ersten Blick seltsamen Maßnahme war es, das Geld im Fluss zu halten und das Horten des Geldes für Krisenzeiten zu vermeiden, da dieses Horten zu einer Reduzierung der Nachfrage und daher auch zu einer Deflation führt. Dieser Ansatz hat sich jedoch nicht durchsetzen können.

Es ist schon oft die Frage gestellt worden, was Geld eigentlich ist und wie man es am treffendsten auffassen sollte.

Neben den klassischen Definitionen als Tauschmittel, Wertmaßstab, Recheneinheit, Wertaufbewahrungs-Objekt und Einnahmequelle der Banken ist Geld auch schon als „materialisierter Geist", „gefrorener Wille", „getane Arbeit", „Machtmittel" und noch so einiges anderes beschrieben worden. Diese Vielfalt zeigt vor allem, wie wichtig das Geld im Alltag ist.

„Jage Geld und Sicherheit nach, und Dein Herz wird sich niemals öffnen."
(Laotse)

„Was bedeutet schon Geld? Ein Mensch ist erfolgreich, wenn er zwischen Aufstehen und Schlafengehen das tut, was ihm gefällt."
(Bob Dylan)

„Die besten Dinge im Leben sind nicht die, die man für Geld bekommt."
(Albert Einstein)

„Finde Deine Berufung – nicht nur irgendeinen Beruf – dann kommen Spaß und Geld von ganz allein."
(Lukas Friesen)

4. Tauschhandel

ᩮ

... Penunze, Peanuts, Obolos, Mammon, Bares ...

Man kann Geld ganz schlicht als Erleichterung des Tauschhandels auffassen. Doch wann ist der Tauschhandel entstanden?

In den kleinen Sippen der Altsteinzeit, die aus 10-30 Menschen bestanden, kannte jeder jeden und war jeder mit fast jedem verwandt. Das führt dazu, daß als Gemeinschaft gehandelt wird und die Früchte des Handelns (Jagen, Sammeln, Hütten bauen usw.) auch gemeinsam genutzt werden. Wie in einer heutigen Familie wurde auf die Erhaltung des Ganzen geachtet.

In der Jungsteinzeit entstanden zum einen Dörfer mit 500 Bewohnern und zum anderen auch spezialisierte Berufe wie Bauer, Jäger, Zimmermann, Gerber, Steinmetz usw. In einem solchen Dorf begann durch die große Zahl der Bewohner des Dorfes eine allmähliche Anonymisierung eines Teils der Dorfbewohner – man hatte einen verschieden engen Zusammenhalt mit den anderen Dorfbewohnern. Daher konnte nicht mehr jeder alle und ihre Bedürfnisse im Blick haben. Zwar wurden neue Häuser noch immer gemeinschaftlich erbaut, aber für den Alltag brauchte man eine formalere Regelung dafür, wer was bekam. Die Lösung für dieses Problem war der Tauschhandel zwischen den Familien und manchmal auch zwischen Einzelnen.

Das, was bei der Einführung des Tauschhandels verloren ging, war das feste Gemeinschaftsgefühl – genauer gesagt, führte natürlich die Vertrautheit mit jedem Mitglied der Gemeinschaft dazu, daß der Tauschhandel entstand.

Dieser Verlust der Vertrautheit mag wie etwas sehr Schlichtes klingen, aber er führt dazu, daß der Handel und später auch das Geld eine Eigendynamik entwickeln konnte, die den Egoismus des Einzelnen fördert und den Blick auf das Ganze behindert.

Dieser Tauschhandel ist in den vielen verschiedenen Tauschringen, Tauschkreisen, Zeittauschbörse u.ä. wiederbelebt worden, um in einem meist recht engen regionalen

Rahmen vor allem Dienstleistungen und in kleinerem Umfang auch Waren miteinander zu tauschen. Dieses Prinzip ist vor allem für Menschen, die sehr wenig Bargeld haben, eine große Hilfe.

Bei diesem Prinzip des Nachbarschafts-Hilfe-Tausches wird sozusagen von der Geldwirtschaft ein Schritt zurück zu der Tauschhandel-Wirtschaft gegangen.

„Der Armut fehlt vieles, dem Geiz alles.“

(Seneca)

„Kauf weniger ein, dann brauchst Du weniger Geld, dann musst Du weniger arbeiten und hast mehr Zeit für Dich.“

(anonym)

„Ihr habt die Rolex, ich hab die Zeit.“

(Graffito)

„Wenn wir nur für Geld und Gewinn arbeiten, bauen wir uns ein Gefängnis.“
(Antoine de Saint-Exupery)

5. Eigendynamik

♌

... Zaster, Kohle, Koks, Holz, Asche ...

Geld ist keineswegs so stabil, wie ein 2-Euro-Stück oder eine 10-Dollar-Note auf den ersten Blick aussehen mag. Das Geld ist so viel wert wie das, was man für das Geld kaufen kann.

Somit kann man den Wert eines bestimmten Geldes recht einfach berechnen – dieser Wert ergibt sich aus dem Verhältnis zwischen der vorhandenen Geldmenge und der in demselben Staat vorhandenen Waren/Dienstleistungs-Menge. Wenn sich die Geldmenge verdoppelt, ist es anschließend nur noch halb so viel wert – wenn sich die Waren/Dienstleistungs-Menge verdoppelt, ist das Geld jedoch doppelt so viel wert.

Das Geld hat also keinen „Wert an sich", sondern nur einen Wert in Bezug auf die Menge an Waren und Dienstleistungen in dem Bereich, in der dieses Geld gültig ist. Diese schlichte Tatsache führt dazu, dass der Wert des Geldes schwankt. Dieser Wert wird „Kaufkraft des Geldes" genannt.

Doch das ist noch nicht alles, was den Wert des Geldes schwanken lässt. Es gibt noch sechs weitere Dynamiken:

> - Wenn mehr als zuvor produziert wird (Angebot), aber gleichviel wie zuvor gekauft wird (Nachfrage), sinken die Preise der angebotenen Waren – folglich steigt die Kaufkraft des Geldes.

> - Wenn weniger als zuvor produziert wird (Angebot), aber gleichviel wie zuvor gekauft wird (Nachfrage), steigen die Preise der angebotenen Waren – folglich sinkt die Kaufkraft des Geldes.

> - Wenn gleichviel wie zuvor als zuvor produziert wird (Angebot), aber weniger gekauft wird (Nachfrage), sinken die Preise der angebotenen Waren – folglich steigt die Kaufkraft des Geldes.

> - Wenn gleichviel wie zuvor als zuvor produziert wird (Angebot), aber mehr

13

gekauft wird (Nachfrage), steigen die Preise der angebotenen Waren –
folglich sinkt die Kaufkraft des Geldes.

- Wenn gleichviel wie zuvor als zuvor produziert wird (Angebot), aber neues
Geld gedruckt und in Umlauf gebracht wird (Nachfrage), steigen die Preise
der angebotenen Waren – folglich sinkt die Kaufkraft des Geldes.

- Wenn gleichviel wie zuvor als zuvor produziert wird (Angebot), aber Geld
aus dem Umlauf genommen wird (Nachfrage), sinken die Preise der angebotenen Waren – folglich steigt die Kaufkraft des Geldes.

Diese Zusammenhänge zwischen Warenmenge (Angebot), Kaufwünschen (Nachfrage) und Geldmenge könnte man noch differenzierter betrachten, aber es genügt die
Erkenntnis, dass der Wert des Geldes nicht statisch ist, sondern vielen Einflüssen
unterliegt.

Generell werden steigende Preise „Inflation" und sinkende Preise „Deflation"
genannt.

Leider hat das Geld wie alle komplexen Systeme die Neigung, eine einmal einge-
schlagene Richtung (Inflation/Deflation) beizubehalten und zu verstärken, sodass von
den Regierungen ständig Maßnahmen ergriffen werden, um den Wert des Geldes, d.h.
seine Kaufkraft einigermaßen konstant zu halten. Das beliebteste Mittel dafür ist das
Wirtschaftswachstum, das – wie man seit dem 1972 erschienen Buch „Die Grenzen
des Wachstums" des „Club of Rome" weiß – nun einmal begrenzt sind. Zudem fördert das ungehemmte Wirtschaftswachstum die Umweltzerstörung, den Klimawandel,
die Rohstoffknappheit und noch einiges mehr.

„Geld ist die einzige Macht, vor der die gesamte Menschheit auf die Knie fällt."
(Euripides)

„Dem Geld ist alles untertan."

(Thomas von Aquin)

„Geld ist das Brecheisen der Macht."

(Friedrich Nietzsche)

„Mit Geld bist Du ein Drache – ohne Geld ein Wurm."
(aus Japan)

6. Geldgeschäfte

♍

... Klöpse, Pulver, Eier, Fett ...

Da es keinen Tauschhandel mehr gibt und man alles mit Geld bezahlt, für seine Arbeit Geld erhält, man (fast) alles für Geld kaufen kann und Geld (fast) alle Türen öffnet, ist es nicht verwunderlich, dass der Blick zunehmend auf das Geld statt auf die Dinge, die man eigentlich haben will, ausgerichtet hat. Das ist geradezu zu einer Geld-Fixierung geworden – zu einer Hypnose des Menschen durch das Geld.

Man strebt fast immer erst einmal nach Geld, wenn man irgendetwas will … das Geld ist zu dem geworden, was jeder haben will. Das ist die Grundlage für solche Fernseh-Sendungen wie das bekannte „Wer wird Millionär?"

Auch Glücksspiele und Wetten wie Lotto, Toto, Roulette und dergleichen beruhen auf dieser Geld-Fixierung.

Im großen Stil führt diese Geld-Fixierung zu den Geldgeschäften, bei denen es ja nur darum geht, einen möglichst großen Teil des allgemeinen Geldflusses in die eigene Tasche abzuzweigen. Bei den Geldgeschäften wird keine Ware und auch keine Dienstleistung mehr produziert – es geht nur noch darum, reich zu werden. Die offensichtliche Gier, die als Motivation hinter diesen Geldgeschäften steht, hat zu dem Bild des „Finanzhais" geführt …

Doch die Geldfixierung kann noch einen Schritt zu kriminelle Geldaktionen weiter-führen. Sie beginnen bei Betrug und führen über den Diebstahl zum Raub – und schließlich zum Betrug im großen Stil wie bei den „cum/ex"-Geschäften.

Diese Räuber-Haltung, bei der nicht mehr nach Geld für eine Arbeit gestrebt wird, die wirklich einen Wert wie ein Brot oder ein Haus erschafft, sondern die lediglich möglichst viel Geld haben will, ist nur dadurch möglich geworden, dass diese Geld-geschäfte ein sehr abstraktes Niveau erreicht haben, bei der man die Menschen, die letztlich die Ware und Dienstleistungen erschaffen, nicht mehr wahrnimmt.

Das gilt allerdings nur in begrenztem Maße, denn Diebe, Räuber und Betrüger gibt es ja auch in kleinem Stil, bei denen der Räuber durchaus den Beraubten vor sich sieht.

Es liegt also wohl auch in der Natur des Menschen, dass er zu einem solchen räuberischen Handeln fähig ist. Die einzige Steigerung dieser Haltung findet sich bei Eroberern, die den Tod von vielen Menschen in Kauf nehmen, wenn sie dadurch ihre Macht vergrößern können.

In einem „heilen" Wirtschaftssystem sollten solche Geldgeschäfte, die letztlich die Mehrheit der Menschen – also die sogenannte „arbeitende Bevölkerung" – ausrauben, verboten sein.

Diese Geldgeschäfte sind letztlich eine Spätfolge davon, dass die kleinen Gemeinschaften der altsteinzeitlichen Jäger und Sammler beim Übergang zu den deutlich größeren Dorfgemeinschaften der jungsteinzeitlichen Bauern das gemeinsame Wirtschaften auf die Familie reduziert und nach außen hin den Tauschhandel eingeführt haben.

Die heutige Globalisierung der Menschheit und auch ihrer Wirtschaft erfordert die Wiederbelebung dieses Blickes auf das ganze Gemeinschaft – also das Begreifen der Menschheit als eine Familie. Dieser Schritt ist jedoch sehr groß – er entspricht dem Übergang von dem „pubertären" Materialismus zu einem „erwachsenen" Verhalten. In der Altsteinzeit lebte der Einzelne in seiner Sippe wie ein Kind in seiner Familie – heute müssen wir kollektiv selber wie zu Erwachsenen werden, die selber eine Familie gründen.

Wir müssen also von der altsteinzeitlichen Haltung von „Kindern der Erde" zu der erwachsenen Haltung von „Eltern der Erde" gelangen. Dazu ist offensichtlich auch ein neues Geldsystem oder zumindest ein neuer Umgang mit dem Geld notwendig.

„Die täglichen grenzüberschreitenden Geldbewegungen sind heute 25mal größer als die grenzüberschreitenden Güterbewegungen. Geld wird nicht mehr nur als Transaktionsmittel benutzt zum Zwecke der Finanzierung, sondern Geld wird gehandelt wie eine eigene Ware."

(Alfred Herrhausen)

„Warum eigentlich wird das Geld nicht zu den Suchtmitteln gerechnet?"

(Ernst Ferstl)

„Wer der Meinung ist, dass man für Geld alles haben kann, gerät leicht in den Verdacht, dass er für Geld alles zu tun bereit ist."

(Benjamin Franklin)

„Wenn unsere Vorfahren sehen könnten, was sich heute abspielt, würden sie zu Recht vermuten, dass das Geld viele Merkmale der Religion übernommen hat."

(Anthony Sampson)

7. Kooperation

♎

... Bims, Bimbes, Diridari, Forinthen, Ocken, Patte, Radatten ...

Es ist leicht gesagt, dass ein Geldsystem benötigt wird, das das Vertrauen in das Ganze fördert und das das Ganze in Verantwortung trägt – das also ein Menschheits-Familie-Geldsystem ist. Doch wie kann ein solches System aussehen?

Um diese Frage beantworten zu können, könnte es hilfreich sein, sich genauer anzuschauen, welche Strukturen, welches Verhalten oder sonstigen prägenden Umstände in der Familie zu finden sind. Dafür eignet sich die Familie bzw. Sippe eines Naturvolkes bzw. einer altsteinzeitlichen Gruppe von Jägern und Sammlern besser als eine heutige Familie, die ja in viele Bezüge nach außen hin eingebunden ist.

In einer solchen „ursprünglichen" Familie gibt es vor allem vier Elemente, die das Verhalten prägen:

> 1. das klare Wissen, dass man für das eigene Überleben auf die anderen angewiesen ist;
> 2. die Bedürfnisse von allen ausreichend deutlich sehen;
> 3. die Fähigkeiten der anderen ausreichend deutlich kennen; und
> 4. die vorhandenen Dinge wie Essen und Kleidung sehen.

Diese vier Merkmale kann man nun einmal auf die heutige globalisierte Menschheit übertragen und schauen, wozu man dann kommt.

> 1. Das klare Wissen, dass man zum eigenen Überleben auf die anderen angewiesen ist, sollte mittlerweile Allgemeingut sein, wenn man die Atombomben, die Klimaerwärmung, die Überbevölkerung, die Umweltverschmutzung, die Kriege usw. usf. bedenkt.

> 2. Ob man die Bedürfnisse aller anderen ausreichend deutlich sieht, ist nicht sicher, aber die dringendsten Bedürfnisse sind durch die Migration aufgrund von Wüstenbildung, Kriegen, Armut usw. ja mehr als deutlich.

18

3. Die Fähigkeiten der anderen sind nur teilweise bekannt, da im Allgemeinen nur auf das Angebot und die Nachfrage der anderen geschaut wird – aber das ist immerhin ein erster Anhaltspunkt, den man mit etwas Mühe schnell klarer bekommen kann.

4. Dieser Punkt ist leicht zu erfassen, denn Übersichten über die vorhandenen Rohstoffe, die Energiegewinnung, die produzierten Mengen an Lebensmitteln, den vorhandenen Wohnraum, das Durchschnittseinkommen und dergleichen mehr sind leicht zu erlangen.

Die Informationen sind also vorhanden, aber unsere Instinkte sind nur für eine Kleingruppe angelegt worden – bei mehr als zwei oder drei Dutzend konkreten Menschen lassen uns unsere Instinkte, die für ein Mindestmaß an Wohlergehen bei den anderen sorgen, im Stich.

Wir brauchen also ziemlich viel Einsicht, um unsere Verantwortung auf mehr als nur die, die wir gut kennen, also die Familie und die engeren Freunde auszudehnen – und um ein System aufzubauen, in dem wir auch auf die Menschheit als Ganzes vertrauen können.

Solch ein System kann offensichtlich nicht funktionieren, wenn man das Geld seiner Eigendynamik überlässt. Das Problem ist nicht neu – Karl Marx hat dieses Problem ja bereits durch den Kommunismus und die Zentrale Planwirtschaft zu lösen versucht, was nur leider nicht den erwünschten Erfolg gehabt hat, sondern zu Autokratien geführt hat.

Das zentrale Element, das das Geldsystem steuern sollte, ist die Kooperation. Um einen Rahmen für ein Geldwesen zu erschaffen, das die Förderung des kurzfristigen Egoismus durch das Geld neutralisiert, sind zunächst einmal Grenzwerte notwendig – die sicherlich nicht besonders beliebt sein werden und die so manchen dazu verleiten werden, sie geschickt zu umgehen. Diese Grenzwerte könnten z.B. das Ausmaß an Geldgeschäften, das Vermögen und das Einkommen begrenzen. Wie gesagt – äußerst unpopuläre Maßnahmen, die vermutlich nur noch von der Einführung von 2-3 Generationen von Ein-Kind-Familien zur Reduzierung der Überbevölkerung übertroffen werden könnten.

Diese Grenzwerte reichern sicherlich noch nicht aus, da sie lediglich den ganz großen Missbrauch des Geldes verhindern.

Es würde z.B. eine Maßnahme gebraucht, die dafür sorgt, dass die Mindestbedürfnisse wie Nahrung, Wohnung und medizinische Versorgung für alle Menschen gewährleistet sind. Dies kann ja durchaus auf einem sehr niedrigen Niveau abgesichert werden, um die Initiative zur Verbesserung der eigenen Lage nicht zu lähmen. Das käme einem bedingungslosen Grundeinkommen auf einem niedrigen Niveau recht nah.

Weitere Regelungen, die in irgendeiner Weise auch noch eingeführt werden müssten, wären Anreize, möglichst lang haltbare Produkte herzustellen, um den Verbrauch an Rohstoffen, Energie und Arbeit zu reduzieren. Die Grundlage dafür ist sicherlich die Einsicht, dass wir uns durch das Konkurrenz-Prinzip dazu bringen, nur kurze Zeit haltbare Produkte herzustellen – und daher Rohstoffe, Energie und Arbeit verschwenden. Hier wären hohe Steuern auf alle nur kurz haltbaren Produkte denkbar.

Diese Vorschläge – die keineswegs vollständig sind – sind zunächst einmal begrenzende Regelungen, aber wenn die Auswirkungen dieser Regelungen erst einmal deutlich werden, wird vermutlich auch die Einsicht in den Sinn dieser Regelungen wachsen.

Diese Maßnahmen werden sich auch – wie in jedem schlüssigen System – gegenseitig verstärken. So hilft z.B. die Begrenzung des Einkommens dabei, das Gewinnstreben zu verringern und dadurch eine größere Bereitschaft zu erzeugen, lang haltbare Produkte herzustellen – auch wenn diese insgesamt weniger Gewinn einbringen als nur kurz haltbare Produkte, von denen man weit mehr verkaufen könnte.

Der Gesetzgeber könnte auch eine neue Art von Kaufverträgen vorschreiben, in denen z.B. Licht statt Lampen gekauft wird. Solange Lampen und Glühbirnen gekauft werden, werden diese so hergestellt werden, dass sie nicht lange halten und die Kunden bald neue kaufen müssen. Wenn jedoch Licht gekauft wird, werden die Hersteller dafür sorgen, dass sie möglichst selten eine Glühbirne ersetzen müssen. Dasselbe ließe sich auch mit Autos machen: Man kauft die Möglichkeit, Auto fahren zu können statt ein Auto – oder man kauft die Möglichkeit, Wäsche waschen zu können statt einer Waschmaschine.

Auf diese Weise würde durch eine recht einfache Änderung in den Kaufverträgen ein umfangreicher Prozess hin zu einer ökologischeren Wirtschaft entstehen und zugleich ein Denken, das zwar immer noch von der zu erwartenden Gewinnspanne motiviert wird, aber in der das Anstreben dieser Gewinnspanne zu einem sinnvollen Verhalten führt.

Das sind nun alles erst einmal nur Ansätze, die sich aber sicherlich zu einem Geldsystem und zu einem Wirtschaftssystem ausbauen lässt, das die globale Kooperation fördert.

Das, was hier geändert wird, ist in erster Linie das Wirtschafts- und Rechtssystem, das dann seinerseits wiederum den Geldfluss in sinnvollere Bahnen lenkt.

„Zeit ist Geld.“

(Benjamin Franklin)

„Geld regiert die Welt.“

(anonym)

„Geld ist der härteste Prüfstein für menschliche Charaktere.“
(Elfriede Hablè)

„Vielleicht verdirbt Geld den Charakter. Auf keinen Fall aber macht Mangel an Geld ihn besser.“

(John Steinbeck)

8. Banken

♏

Wo liegt das meiste Geld? Und wo geschehen die meisten Geldgeschäfte? An den Banken und an den Börsen. Daher ist es notwendig, sowohl die Banken als auch die Börsen zu regulieren. Damit ist ja auch nach der Finanzkrise 2007-2009, bei der die vorausgehenden jahrelangen Immobilienspekulationen zusammengebrochen sind, begonnen worden.

Ob die Regelungen, die dabei eingeführt worden sind, bereits ausreichen, um dem Geld in der Wirtschaft einen neuen Charakter zu verleihen, darf bezweifelt werden. Doch immerhin ist erkannt worden, dass die sich frei entfaltende Eigendynamik des Geldes nicht zu dem maximalen Wohl von allen führt. Insbesondere die Großbanken sind nach dieser Krise in großem Maße mit Steuergeldern unterstützt worden, damit sie nicht ganz zusammenbrechen und die ganze Wirtschaft in eine Krise stürzen.

Hier könnten Obergrenzen für Geldgeschäfte, Gewinne und Einkommen eine wirksame Regelung sein, die den Charakter der Banken und Börsen hin zu einem verantwortlicheren und ökologischeren Verhalten lenken würde. Auch den großen Einkommens- und Vermögensunterschiede könnten durch diese Maßnahme reduziert werden.

Man könnte sagen, dass der Charakter des Geldsystems dadurch verändert wird, dass das Wirtschaftssystem von einer „Sozialen Marktwirtschaft" zu einer „Ökologisch-Sozialen Marktwirtschaft" weiterentwickelt wird. Diese Weiterentwicklung würde in einem ersten Schritt – wie bereits im vorigen Kapitel dargestellt – zunächst einmal vor allem durch Grenzwerte, durch Steuern auf kurzlebige Produkte und durch neue Kaufverträge („Licht statt Lampen") in Gang gesetzt.

Dafür wäre es nicht notwendig, Banken und Börsen abzuschaffen oder komplett umzubauen, sondern nur, Handlungsbeschränkungen, Gewinnbeschränkungen und ähnliche Grenzwerte einzuführen.

Das wäre keine Zentrale Planwirtschaft, sondern nur eine „Soziale Marktwirtschaft mit gezielt gesteuertem Geldfluss und gezielter Förderung von ökologisch sinnvollem Verhalten" – also eine „Ökologisch-Sozialen Marktwirtschaft".

Das Gesetz bestimmt das Wirtschaftssystem – und das Wirtschaftssystem bestimmt das Geldsystem. … Und wer legt die Gesetze fest? … Optimalerweise bestimmt die Einsicht in die Ursachen, die Zusammenhänge und die Konsequenzen des menschlichen Handelns die Gesetze.

Da sind wir kollektiv leider noch nicht angekommen, aber wir können Schritte in die richtige Richtung machen.

„Es ist nicht die Frage, wie man viel Geld verdient, sondern wie man die Probleme anderer lösen kann. Das Geld kommt dann von alleine."
(Kai Baumann)

„Billiges Geld verleitet zu teuren Fehlern."
(Thom Renzie)

„Wenn ein Mensch behauptet, mit Geld lasse sich alles erreichen, darf man sicher sein, dass er nie welches gehabt hat."
(Aristoteles Sokrates Onassis)

„Wer viel Geld hat, ist reich. Wer keine Krankheit hat, ist glücklich."
(chinesisches Sprichwort)

9. Steuern

... Schotter, Steine, Krönchen, Knack, Murmeln ...

Warum heißen Steuern eigentlich „Steuern"? Das Wort stammt von einer alten Form des Wortes „Stütze" ab – mit den Steuern werden die Bedürftigen (aber auch die Heere) „gestützt".

Trotzdem stimmt es natürlich auch, dass der Staat durch diese Geldeinnahmen die Vorgänge in dem Staat steuern kann. Durch die Art der Steuern – also auf das Einkommen, auf eine Ware, auf das Vermögen, auf ökologisch schädliche Produkte usw. – kann der Staat großen Einfluss auf die Wirtschaft, den Wohlstand und vieles andere nehmen.

- Die Bedeutung von Ökosteuern auf ökologische schädliche Produkte ist offensichtlich.

- Mit der Vermögenssteuer kann man einigermaßen effektiv die Obergrenze des Reichtums festlegen.

- Mit der Mehrwertsteuer lässt sich der Preis für Grundnahrungsmittel senken und der Preis für Luxusprodukte erhöhen.

Die Einnahmen durch Steuern sind die eine Seite der Steuerfunktion der Steuern. Die andere Seite ist die Ausgabenseite. Sie kann für eine kostenlose Schule, für das Gesundheitswesen, für Kindergärten, für ökologische Forschung – und auch für das Entwickeln eines Wirtschaftssystems, das einen sinnvollen Geldfluss bewirkt, genutzt werden.

Die Steuern sind ein Spezialfall von Gesetzen, die sich auf das Geld der Einzelnen beziehen und die festlegen, an welcher Stelle welcher Teil für kollektive Aufgaben abzuführen ist. Hier ist offensichtlich das Bild, das der Gesetzgeber von einem sinnvollen Verhalten hat, entscheidend für die Effektivität der Steuererhebung und der Steuerverwendung.

Die Einsicht in die Ursachen, die Dynamik und die Folgen von Situationen sind also bei dem Gesetzgeber besonders wichtig.

Letztlich bedeutet das auch, dass die Demokratie zu einem System umgebaut werden muss, das wie das Wirtschaftssystem durch Grenzwerte und ähnliches reguliert wird. Damit ist gemeint, dass Regierungen dazu verpflichtet sind, auch unbeliebte Maßnahmen zu ergreifen, wenn z.B. durch das rechtzeitige Verhindern der Klimakrise die seit einigen Jahren immer stärker werdende Migration hätte vermieden werden können. Die Regulierung der Demokratie – also die Verpflichtung zu weitsichtigem Handeln – würde dann die Grundlage eines Wirtschaftssystems sein, in dem weitsichtig gehandelt wird, was seinerseits wiederum ein die Allgemeinheit förderndes Geldsystem hervorbringen würde.

Das sinnvolle Geldsystem ist also letztlich eine politische Frage – genaugenommen die Frage, wie man uns Menschen dazu bringen kann, weitsichtig zu denken und zu entscheiden … also wie „Eltern der Erde" zu handeln …

„Zum Leben braucht man kein Geld, zum Überleben kann es aber hilfreich sein."
(Christian Lenz)

„Genug zu haben ist Glück; mehr als genug zu haben, ist Unglück. Das gilt von allen Dingen, aber besonders vom Geld."
(Laotse)

„Gott will nicht, dass man nicht Geld und Gut haben und nehmen solle, oder, wenn man's hat, wegwerfen solle, wie etliche unter den Philosophen und tolle Heilige unter den Christen gelehrt und getan haben."

(Martin Luther)

„Geld ist besser als Armut – wenn auch nur aus finanziellen Gründen."
(Woody Allen)

10. Geschichte

... Scheine, Lappen, Taler, Silberlinge ...

Es lohnt sich fast immer, sich die Geschichte des Themas, das man betrachtet, etwas genauer anzusehen und nach der inneren Struktur und nach der Eigendynamik zu schauen.

Altsteinzeit

In der Altsteinzeit und bei den heutigen Sippen der Naturvölker ist das Wirt schaften sehr einfach: Alle sorgen zusammen für das Überleben der ganzen Familie bzw. Sippe.

Diese Form des Wirtschaftens gibt es noch heute in der Familie.

Jungsteinzeit

In der Jungsteinzeit lebten sehr viel mehr Menschen zusammen als in der Altsteinzeit, wodurch es auch die beruflichen Spezialisierungen entstanden sind. In dieser Zeit entstand der Tauschhandel innerhalb des Dorfes und teil weise auch zwischen Dörfern. Dabei ging man zu dem, mit dem man etwas tauschen wollte. Es entstand ein Austausch zwischen Spezialisten: Gibst Du mir drei Handvoll Korn, gebe ich Dir fünf Möhren …

Diese Form des dezentralen Tauschhandels gibt es heute nur noch selten – am ehesten noch hin und wieder unter Nachbarn.

Königtum

Als die ersten Königreiche entstanden, weil es notwendig geworden war, die Bewässerung der Felder in großem Rahmen zu koordinieren, lebten nun noch einmal sehr viel mehr Menschen zusammen als zuvor – anfangs waren es einige zehntausend.

Wenn man nun den Warenfluss innerhalb eines Königreiches regeln wollte, brauchte man ein allgemeines Maß zur Feststellung des Wertes der vielen verschiedenen Waren. In vielen Fällen war dies eine bestimmte Menge Gold. Meistens war dies zunächst nur das Maß für den Wert und man tauschte weiterhin Ware gegen Ware – es dauerte noch einmal ca. 2.500 Jahre, bis aus dem „Goldmaß" auch tatsächlich Geld wurde, das man auch selber gegen Waren tauschte.

Im Königtum entstanden nun auch in verstärktem Maß Märkte, an denen sich alle trafen, die etwas brauchten oder etwas verkaufen wollten. In den jungsteinzeitlichen Kulturen scheint es solche Märkte noch nicht in nennenswertem Maße gegeben zu haben, d.h. man ging eben zu dem Bauern oder dem Bäcker oder dem Zimmermann, von dem man etwas brauchte.

Diese Märkte – also den zentralisierten Tauschhandel (mit Geld) – gibt es noch heute in der Form von Wochenmärkten, Supermärkten, Kaufhäusern und Internet-Kaufhäusern wie amazon. Der „Markt" ist auch in den heutigen Wirtschaftstheorien noch immer einer der zentralen Begriffe.

Materialismus

Die nächste Phase begann mit der Entdeckung neuer Länder, mit der Erkenntnis der Naturgesetze und mit der Erfindung neuer Maschinen: Dies war der auf den Naturwissenschaften beruhende Materialismus.

In ihm entstand eine neue Grundhaltung: Man war nicht mehr Teil eines wohlgeordneten Ganzen wie in den Königreichen, wo alles zentral durch den König gelenkt wurde, sondern die Situationen ergaben sich aus dem freien Spiel der Kräfte: Demokratien, ungehemmte Eroberungen, alle Erfindungen werden auch benutzt, Industrialisierung, jeder kämpft für sich … Durch dieses Systems, in dem der Einzelne mehr denn je isoliert war, entstand auch mehr Armut als je zuvor.

Diesen Nachteil versuchte man durch eine größere Einflussnahme des Staates bei der sozialen Absicherung auszugleichen, wodurch die soziale Marktwirtschaft entstand.

Ein anderer Ansatz war der Kommunismus, der die gesamte Wirtschaft zentral lenken wollte, was allerdings das persönliche Engagement der Einzelnen bremste und zum anderen den Nachteil hatte, dass die gesamte Produktion zentral festgelegt werden musste – was kaum möglich war. Zudem war dieser Ansatz der Versuch, beim alten System zu bleiben und sozusagen das Volk als den „besseren König", der alles zum Wohl aller zentral leitet, einzusetzen.

Da auch ein einzelnes Unternehmen wie ein Königreich zentral gelenkt wird und daher ab einer bestimmten Größe einen sehr großen Verwaltungs- und Planungsapparat braucht, entwickelte man Unternehmensformen, in denen den einzelnen Tätigen oder Arbeitsgruppen eine weit größere Selbstständigkeit gegeben wurde – sie erhalten eine klare Aufgabe und müssen sich selber um die Durchführung kümmern („slim management"). Dies war ein erster Versuch, die Problematik der zentralen Lenkung in Unternehmen auf eine neue Weise zu lösen, die zumindest innerhalb festgelegter Grenzen auf Kooperation und Eigeninitiative beruhte.

In dieser Epoche wurde das Gold zum geprägten Gold-Geld, dann zu den Geldscheinen, die durch Gold gedeckt waren, dann zu dem nicht von Gold gedeckten Geldscheinen, anschließend nur zu dem auf den Bankkonten existierenden Girogeld, und schließlich zu den Internet-Währungen.

Die Dynamik dieser Weiterentwicklung ist durch die immer größeren zusammenlebenden Bevölkerungsgruppen und durch neue Entdeckungen entstanden sowie den Drang, dies alles optimal zu organisieren.

Nun am Anfang der Epoche der Globalisierung steht wieder ein nächster Entwicklungsschritt an. Ansatzmöglichkeiten für eine „reformierte Demokratie" und die sich daraus ergebende veränderte Wirtschaftsform und das ebenfalls veränderte Geldsystem wäre eine Grundgesetzänderung, in der die Grundlage für die drei bereits beschriebenen Prinzipien festgelegt wird:

1. die Grenzwerte für Einkommen, Vermögen, Zinsen usw., um größere Geldgeschäfte und auch einen großen Wohlstandunterschied zu verhindern;

2. die ausreichend hohe Besteuerung von absichtlich kurzlebigen Produkten, um ihre Herstellung zu verhindern; und

3. die Umstellung der Kaufverträge von „Lampen kaufen" auf „Licht statt Lampen kaufen".

„Wo unter den Menschen die Bescheidenheit schwindet, schwillt die Furcht."
(Laotse)

„Borge einem Notleidenden niemals Dein Geld. Verschenke es, denn dann ist auch Dir geholfen, weil Du nicht um die Rückzahlung bangen musst."
(Heinz Nitschke)

„Ein Reicher ohne Freigebigkeit ist ein Baum, der weder Früchte noch Schatten gibt."

(Christoph Friedrich Wilhelm Jacobs)

„Geld gleicht dem Dünger, der nur nützt, wenn er flächendeckend ausgestreut wird."

(Francis Bacon)

11. Alternativen

Das neue Geldsystem ergibt sich aus einem neuen Wirtschaftssystem und das neue Wirtschaftssystem ergibt sich aus einem veränderten politischen System. Es wird keine Alternative zum Geld, sondern eine Weiterentwicklung der Grundlagen der Politik gebraucht.

Die Politik muss durch Weitblick, Einsicht und Verantwortungsbewusstsein weiterentwickelt werden, wozu die Familie und die altsteinzeitliche Sippe zumindest Anregungen geben können. Auch das Prinzip der meisten Naturvölker, dass nichts getan werden darf, was einem Menschen in den nächsten zehn Generationen schaden könnte, wäre eine sehr wertvolle Leitschnur.

Die veränderte politische Grundlage, die eine „sozial-ökologische Marktwirtschaft" erschaffen soll, würde auch zu einer teilweisen Trennung von Geld und Arbeit führen und dadurch die Macht des Geldes reduzieren. Die Lebensgrundlage für jeden Menschen – international! – muss durch eine Art Grundeinkommen auf niedrigem Niveau abgesichert werden.

Das klingt zugegebenermaßen alles sehr nach Zukunftsmusik, aber es haben sich schon viele Menschen Gedanken über diese „Gesellschaft der Zukunft" gemacht.

Diese Vorstellungen finden sich z.B. in vielen Science-Fiction-Romanen als der „Planet der Weisen", auf dem alle Menschen in Frieden und gegenseitiger Hilfe miteinander leben und offenbar den weitaus größten Teil ihrer Ängste, Süchte, Selbstzweifel und Traumata geheilt haben. Dieses Bild scheint eine sehr starke Vision zu sein, denn sie taucht auch noch an vielen anderen Stellen auf wie z.B. im Herrn der Ringe bei den Elfen oder in den Comics als das Land der Schlümpfe.

Das Typische an all diesen Phantasie-Kulturen ist, dass das Verhalten nicht mehr von dem individuellen Egoismus, sondern von dem kollektiven Egoismus gelenkt wird – an die Stelle des „kurzsichtigen Egoismus" ist durch die Einsicht in die Zusammenhänge der „weitsichtige Egoismus" getreten, der das Wohl des Ganzen immer im

Auge behält.

In diesen Kulturen leben die Menschen (bzw. die weisen Aliens, Hobbits, Elfen oder Schlümpfe) aus einem Grundgefühl der Fülle heraus und nicht wie viele Menschen heute aus einem Grundgefühl des Mangels.

Daraus ergibt sich als weiteres Merkmal Leichtigkeit, innere Weite und Freude. Da die Menschen in diesen Visionen aus der Fülle heraus leben, ist Schenken und Großzügigkeit für sie etwas völlig Normales – die Dinge sollen einfach dorthin kommen, wo sie gebraucht werden. Dies ist die natürliche Haltung in einer Familie und auch in jedem Organismus. Aufgrund des Lebens aus einer inneren Fülle heraus ist auch Teilen und das gemeinsame Benutzten von Alltags-Dingen etwas Selbstverständliches.

Woher kommt nun diese innere Fülle? Wenn man sich nicht mehr als etwas Abgegrenztes erlebt, ist man mit allem verbunden und lebt aus dem Ganzen heraus – kann es eine größere Fülle geben? Nun klingt dies vielleicht ja ein wenig theoretisch, aber dieser Zustand ist ganz real möglich. Fast alle Heilige, Yogis und andere fast- oder ganz-Erleuchtete haben aus diesem Zustand der Fülle heraus gelebt.

Es gibt noch eine andere Möglichkeit, diese Fülle zu erfassen: Für die neue Weltanschauung und das neue Wirtschaftssystem spielt die Verantwortung eine zentrale Rolle. Verantwortung bedeutet, dass man alles andere mitbeachtet und mitträgt. Wenn dies nun alle tun, wird man auch von allen anderen beachtet und mitgetragen – und was könnte eine größere Fülle bedeuten als dieses Gesehenwerden und Getragenwerden? Verantwortung und Vertrauen sind nur zwei Betrachtungsweisen derselben Haltung.

Nun bedeutet die Auflösung der gewohnten Grenze zwischen Ich und Welt ja auch eine größere Herausforderung an den Menschen. Wir sind es gewohnt, uns durch die Grenze unserer Haut zu definieren, aber ist diese Grenze wirklich real?

Wenn ich einen Apfel in meiner Hand halte, ist er „außen/fremd". Wenn ich ihn gegessen habe, ist er „innen/Ich" ... Der Fingernagel an meiner Hand ist „Ich", aber wenn ich ein Stückchen von ihm abschneide, ist das abgeschnittene Stückchen plötzlich „außen" ... In mir ist keine Substanz, die nicht von außen gekommen wäre und die nicht irgendwann auch wieder nach außen geht.

Daher wird in der neuen Weltanschauung, die auf Zusammenhängen, Kooperation und Abgrenzungslosigkeit (Globalisierung) beruht, das Ich nicht mehr durch seine Grenze, sondern durch seine Qualität definiert sein. Das Ich ist dann ein

„selbstorganisiertes Muster in einem Kontinuum". Auch diese Art der Selbstwahrnehmung ist ganz real: Dieses Erlebnis des Kontinuums wird von vielen Mystikern beschrieben.

Zu diesem Erlebnis gibt es eine logische Vorstufe: Wenn alles abgrenzungslos ist, dann ist auch alles wahrnehmbar. Da dies auch für die eigene Psyche gilt, bedeutet das, dass man in dem Augenblick, in dem man den Zustand der Abgrenzungslosigkeit erreicht, alle eigenen Ängste, Süchte und Traumata wahrnimmt. Es ist nicht verwunderlich, dass im tibetischen Buddhismus Wert darauf gelegt wird, diesen Zustand nur ganz langsam zu erreichen, da man sonst einen „Horrortrip" erleben würde. Daher gibt es als Vorstufe zu der Abgrenzungslosigkeit die „Durchsichtigkeit".

Diese „Durchsichtigkeit" bedeutet einfach die Wahrnehmung dessen, was ist – eigentlich nichts Besonderes, aber doch etwas sehr Schweres. Diese Durchsichtigkeit bedeutet, dass man hinschaut und zulässt, was man sieht – sich selber, den anderen, die Welt … Dieses umfassende Sehen ist auch eine der Grundlagen der Weitsicht …

Nach und nach kann man so alle „Verliese" öffnen und das Verdrängte wieder sehen und integrieren, sodass man selber für sich wieder durchsichtig und wahrnehmbar wird.

Daraus lässt sich schließen, dass auch der Übergang zu der neuen Wirtschaftsform ein Prozess wie die Heilung einer Psyche sein wird.

Das Auftreten dieser Durchsichtigkeit in Wirtschaftsprozessen ist ein sicheres Merkmal, dass sich die Wirtschaftsform zu einem „erwachsenen Wirtschaftssystem" weiterentwickelt. Die Durchsichtigkeit kann dabei alles betreffen: die Gehälter, die Entscheidungsfindungen, die Inhaltsstoffe von Waren, die Besitzverhältnisse …

Es würde sich schon viel ändern, wenn wir aufhören würden, so viel zu verbergen – wobei das Verbergen z.T. mit gutem Grund geschieht, wenn man z.B. jemanden übervorteilt hat. Stellen Sie sich einmal vor, es gäbe nicht mehr das grundlegende Gefühl des Mangels – müsste dann noch jemand etwas von sich und seinen wirtschaftlichen Aktivitäten verbergen?

Wenn man an Abgrenzungslosigkeit denkt, kann es schon passieren, dass man fürchtet, seine eigene Individualität zu verlieren. Aber hier handelt es sich nicht um Normierung und Gleichschaltung oder gar völlige Selbstauflösung, sondern nur um die Wahrnehmung, dass man tatsächlich mit allem verbunden ist. Daraus ergibt sich im Gegenteil eine Wertschätzung des Individuums, denn wenn sich niemand mehr durch Grenzen und durch Macht schützen kann, dann gibt es nur ein einziges sinnvolles Verhalten: Jeder achtet seine eigene Individualität und die aller anderen.

Das Erreichen dieser neuen Weltanschauung und Wirtschaftsform wird zu einer viel größeren Buntheit führen, weil die Menschen ihre eigentliche Individualität deutlicher zeigen werden. Das bedeutet natürlich nicht die Aufhebung jeglicher Privatsphäre, sondern „ganz einfach" die Heilung der Ängste und Süchte und Traumata, aufgrund derer man sich verbirgt und verstellt. Es wird ein sehr viel freieres Lebensgefühl sein …

Dann wird man endlich aus seiner kreativen Mitte heraus leben und nicht mehr aus dem Gefühl des Mangels heraus. Dann wird jede Situation einfach eine Möglichkeit sein, sich selber auszudrücken, sich selber zu zeigen. Die Auflösung aller scheinbaren Abgrenzungen, die ja nur in unserer Vorstellung existieren und daher Illusionen sind (wenn auch ziemlich haltbare), wird dazu führen, dass jeder in sich seine kreative Quelle entdeckt und aus seinem Herzen heraus leben wird.

Das Heilen der Psyche der Menschen würde die Weiterentwicklung des politischen Systems, des Wirtschaftssystems und des Geldsystems deutlich erleichtern. Vermutlich wird die individuelle und die kollektive Entwicklung eng miteinander verbunden sein. Ein Punkt, der dabei einen recht großen Einfluss haben könnte, ist die Erkenntnis, was man selber wirklich braucht und was nicht.

Das würde sehr förderlich sein.

„Dass ich meinen Film gemacht habe, hatte rein mineralogische Gründe – ich brauchte Kies."

(Otto Waalkes)

„Probleme lassen sich immer am besten mit anderer Leute Geld regeln."
(Jean Paul Getty)

„Das beste Mittel, seiner Unabhängigkeit zu verlieren, ist das Geld auszugeben, das man nicht besitzt."

(Kemal Atatürk)

„Ich zahle nicht gute Löhne, weil ich viel Geld habe, sondern ich habe viel Geld, weil ich gute Löhne zahle."

(Robert Bosch)

12. Gedeihen

H

Durch den Blick auf das Ganze, die Weitsicht und die Auffassung der Menschheit als großer Familie – was sich zwangsläufig aus der Globalisierung ergibt – werden die Welthungerhilfe, die Stiftungen, das Geben von Almosen, die Tafeln (an denen abgelaufene Lebensmittel aus Supermärkten verteilt werden), das Arbeitslosengeld, die Sozialhilfe, die Entwicklungshilfe usw. auf eine neue Grundlage gestellt. Sie erscheinen nun nicht mehr als Mitleid und Barmherzigkeit mit denen, die selber nicht klar kommen, sondern als die natürliche Haltung in einer Gemeinschaft, in der alle allen helfen und alle gemeinsam die Verantwortung für alles tragen.

Spätestens dann, wenn diese Haltung die allgemeine oder zumindest die vorherrschende Sichtweise der Menschen wird, ist anzunehmen, dass das kollektive Unterbewusstsein zunehmend bewusster werden wird – schließlich ist dieses kollektive Unterbewusstsein das gemeinsame Bewusstsein aller Menschen. Und wenn die Menschen sich als einer Gemeinschaft bewusst werden, ergibt sich daraus auch, dass sie sich ihres gemeinsamen Unterbewusstseins bewusst werden.

Natürlich weiß niemand, ob das so sein wird und auch nicht, wie das dann konkret aussehen wird, aber man kann zumindest mit einiger Berechtigung vermuten, dass es dann zu einer einfacheren Koordination, zu einer klareren Intuition, zu vermehrter Telepathie, zu häufigeren „sinnvollen Zufällen" und dergleichen kommen wird. Das kollektive Unterbewusstsein ist das Unterbewusstsein der Menschheit – also sollte es die Menschheit als Ganzes auch so lenken können wie es das individuelle Unterbewusstsein bei einem einzelnen Menschen macht. Wenn sich solch ein Bewusstsein entwickelt haben wird, werden die Dinge per „sinnvollem Zufall" zu denen gelangen, die sie gerade brauchen.

Diese fortgeschrittene Telepathie und diese wortlose Kooperation der Menschen miteinander ist auch ein sehr häufig auftretendes Element in den Beschreibungen des „Planten der Weisen" in den Science-Fiction-Romanen.

Möglicherweise wird diese Vision des „Planeten der Weisen" ja sogar auf der Erde Realität werden.

Dazu kann jeder ein wenig beitragen …

„Ein gesunder Mensch ohne Geld ist halb krank."

(Johann Wolfgang von Goethe)

„Willst Du viel verdienen? Dann finde etwas, was Du umsonst machen würdest und tu es."

(Wadim Korsch)

„Es ist nicht die Frage, wie man viel Geld verdient, sondern wie man die Probleme anderer lösen kann. Das Geld kommt dann von alleine."

(Kai Baumann)

„Was bringen Dir Millionen auf dem Konto, wenn Du doch keinen wahren Freund an der Seite hast.

(anonym)

Bücher von Harry Eilenstein

Magie für Anfänger
- Telepathie für Anfänger (60 S.)
- Telepathie für Fortgeschrittene (52 S.)
- Telekinese für Anfänger (52 S.)
- Analogien für Anfänger (56 S.)
- Omen und Orakel für Anfänger (52 S.)
- Lebenskraft für Anfänger (60 S.)
- Meditation für Anfänger (56 S.)
- Kundalini für Anfänger (100 S.)
- Hypnose für Anfänger (56 S.)
- Kampfmagie für Anfänger (172 S.)
- Auto-Movement für Anfänger (56 S.)
- Chakra-Magie für Anfänger (148 S.)
- Astralreisen für Anfänger (56 S.)
- Astrologie für Anfänger (120 S.)
- Astrologische Quadrate für Fortgeschrittene (72 S.)
- Partnerhoroskope für Anfänger (100 S.)
- Silberschnüre für Anfänger (52 S.)
- Zaubersprüche für Anfänger (60 S.)
- Ritual-Magie für Anfänger (56 S.)
- Mandalas für Anfänger (68 S.)
- Geldzauber für Anfänger (56 S.)
- Liebeszauber für Anfänger (52 S.)
- Invokationen für Anfänger (52 S.)
- Evokationen für Anfänger (60 S.)
- Geister für Anfänger (52 S.)
- Elfen für Anfänger (56 S.)
- Magie-Forschung für Anfänger (140 S.)
- Magie-Romantik für Anfänger (60 S.)
- Selbsterkenntnis für Anfänger (52 S.)
- Einweihungen für Anfänger (60 S.)
- Drogen-Kabbala für Anfänger (216 S.)
- Zahlensymbolik für Anfänger (60 S.)
- Die Sprache des Mondes – für Anfänger (116 S.)
- Zaubergesänge für Anfänger (100 S.)
- Zukunftschau für Anfänger (60 S.)
- Schamanismus für Anfänger (52 S.)
- Schwitzhütten für Anfänger (52 S.)
- Magische Gegenstände für Anfänger (68 S.)
- Übertragungen für Anfänger (68 S.)
- Zaubertränke für Anfänger (64 S.)
- Magie-Gesten für Anfänger (252 S.)
- Da'ath-Magie für Anfänger (64 S.)
- Magie-Heilungen für Anfänger (68 S.)
- Kornkreise für Anfänger (348 S.)
- Feng Shui für Anfänger (96 S.)
- Tao für Anfänger (112 S.)
- Magie für Anfänger – Sammelband   I (696 S.)
- Magie für Anfänger – Sammelband   II (664 S.)
- Magie für Anfänger – Sammelband III (580 S.)
- Magie für Anfänger – Sammelband IV (700 S.)
- Magie für Anfänger – Sammelband   V (676 S.)
- Magie für Anfänger – Sammelband VI (640 S.)

Magie
- Handbuch für Zauberlehrlinge (408 S.)
- Wie man das Pentagramm-Ritual zum Leben erweckt (308 S.)
- Tarot (104 S.)
- Physik und Magie (184 S.)
- Die Synthese von Physik und Magie (200S.)
- Die Magie-Formel (156 S.)
- Schwarze Löcher in der Magie (56 S.)
- Krafttiere – Tiergöttinnen – Tiertänze (112 S.)
- Schwitzhütten (524 S.)
- Mythen und Magie der Harfe (116 S.)
- Drei Adeptus Major Rituale (192 S.)
- Drei Adeptus Exemptus Rituale (120 S.)
- Zwei Infans Abyssi Rituale (128 S.)

Traumreisen
- Traumreisen zu Heilpflanzen (700 S.)
- Traumreisen zum kabbalistischen Lebensbaum (132 S.)

Meditation
- Der Lebenskraftkörper (230 S.)
- Die Chakren (100 S.)
- Das Chakren-System mit den Nebenchakren (296 S.)
- Organe und Chakren (64 S.)
- Die platonischen Körper in den Chakren (156 S.)
- Meditation (140 S.)
- Drachenfeuer (124 S.)
- Kundalini I (676 S.)
- Kundalini II (672 S.)
- Reinkarnation (156 S.)
- einsgerichtet (140 S.)

Astrologie
- Astrologie (496 S.)
- Photo-Astrologie (428 S.)
- Die astrologischen Aspekte (88 S.)
- Horoskop und Seele (120 S.)

Kabbala
- Kursus der praktischen Kabbala (150 S.)
- Eltern der Erde (450 S.)
- Blüten des Lebensbaumes:
    1. Die Struktur des kabbalistischen Lebensbaumes (370 S.)
    2. Der kabbalistische Lebensbaum als Forschungshilfsmittel (580 S.)
    3. Der kabbalistische Lebensbaum als spirituelle Landkarte (520 S.)
- Logik und Wirkung der Analogie (700 S.)

Eilenstein, Frater V.D., Knecht, Büdenbender
- Magie heute – Berichte aus der Praxis (288 S.)

Büdenbender, Eilenstein
- Chaos, Alk und Magic (436 S.)

Germanen

1. Die Entwicklung der germanischen Religion (556S.)
2. Lexikon der germanischen Religion (576S.)
3. Der ursprüngliche Göttervater Tyr (584S.)
4. Tyr in der Unterwelt: der Schmied Wieland (228S.)
5. Tyr in der Unterwelt: der Riesenkönig 1 (448S.)
6. Tyr in der Unterwelt: der Riesenkönig 2 (452S.)
7. Tyr in der Unterwelt: der Zwergenkönig (304S.)
8. Der Himmelswächter Heimdall (140S.)
9. Der Sommergott Baldur (228S.)
10. Der Meeresgott: Ägir, Hler und Njörd (176S.)
11. Der Eibengott Ullr (148S.)
12. Die Zwillingsgötter Alcis (292S.)
13. Der neue Göttervater Odin 1 (672S.)
14. Der neue Göttervater Odin 2 (160S.)
15. Der Fruchtbarkeitsgott Freyr (320S.)
16. Der Chaos-Gott Loki (608S.)
17. Der Donnergott Thor (600S.)
18. Der Priestergott Hönir (76S.)
19. Die Göttersöhne (204S.)
20. Die unbekannteren Götter (248S.)
21. Die Göttermutter Frigg (220S.)
22. Die Liebesgöttin: Freya und Menglöd (424S.)
23. Die Erdgöttinnen (212S.)
24. Die Korngöttin Sif (104S.)
25. Die Apfel-Göttin Idun (144S.)
26. Die Hügelgrab-Jenseitsgöttin Hel (288S.)
27. Die Meeres-Jenseitsgöttin Ran (112S.)
28. Die unbekannteren Jenseitsgöttinnen (384S.)
29. Die unbekannteren Göttinnen (308S.)
30. Die Nornen (328S.)
31. Die Walküren (636S.)
32. Die Zwerge (424S.)
33. Der Urriese Ymir (220S.)
34. Die Riesen (384S.)
35. Die Riesinnen (368S.)
36. Mythologische Wesen (280S.)
37. Mythologische Priester und Priesterinnen (220S.)
38. Sigurd/Siegfried (672S.)
39. Helden und Göttersöhne (628S.)
40. Die Symbolik der Vögel und Insekten (496S.)
41. Die Symbolik der Schlangen, Drachen und Ungeheuer (616S.)
42.a Die Symbolik der Herdentiere 1 (448S.)
42.b Die Symbolik der Herdentiere 2 (304S.)
43. Die Symbolik der Raubtiere (372S.)
44. Die Symbolik der Wassertiere und sonstigen Tiere (164S.)
45. Die Symbolik der Pflanzen (192S.)
46. Die Symbolik der Farben (124S.)
47. Die Symbolik der Zahlen (640S.)
48. Die Symbolik von Sonne, Mond und Sternen (596S.)
49.a Das Jenseits 1 – Das Hügelgrab (428S.)
49.b Das Jenseits 2 – Der Jenseitsweg (484S.)
50. Astralreise, Seelenvogel, Utiseta und Einweihung (420S.)
51. Wiederzeugung und Wiedergeburt (476S.)
52. Elemente der Kosmologie (412S.)
53. Der Weltenbaum (324S.)
54. Die Symbolik der Himmelsrichtungen und der Jahreszeiten (276S.)
55.a Mythologische Motive 1 – Aufbau (492S.)
55.b Mythologische Motive 2 – Vorgänge (480S.)
56. Der Tempel (397S.)
57. Die Einrichtung des Tempels (696S.)
58. Priesterin – Seherin – Zauberin – Hexe (428S.)
59. Priester – Seher – Zauberer (300S.)
60. Rituelle Kleidung und Schmuck (140S.)
61. Skalden und Skaldinnen (92S.)
62. Kriegerinnen und Ekstase-Krieger (224S.)
63. Die Symbolik der Körperteile (340S.)
64.a Magie und Ritual 1 – Magie (608S.)
64.b Magie und Ritual 2 – Kult (592S.)
64.c Magie und Ritual 3 – Heilung (192S.)
65. Gestaltwandler (316S.)
66.a Magische Angriffs-Waffen (660S.)
66.b Magische Verteidigungs-Waffen (328S.)
67. Magische Werkzeuge und Gegenstände (348S.)
68. Zaubersprüche (340S.)
69. Göttermet (416S.)
70. Zaubertränke (72S.)
71. Träume, Omen und Orakel (284S.)
72. Runen (252S.)
73. Sozial-religiöse Rituale (328S.)
74. Weisheiten und Sprichworte (540S.)
75. Kenningar (664S.)
76. Rätsel (160S.)
77. Die vollständige Edda des Snorri Sturluson (512S.)
78. Frühe Skaldenlieder (224S.)
79.a Mythologische Sagas 1 (488S.)
79.b Mythologische Sagas 2 (372S.)
80. Hymnen an die germanischen Götter (684S.)

nicht Teil der Germanen-Reihe:
- Odin (300 S.)

Kelten
- Cernunnos (690 S.)
- Taliesin (228 S.)
- Der Kessel von Gundestrup (220 S.)
- Der Chiemsee-Kessel (76)

Inder
- Dakini (80 S.)
- Vajra (76 S.)

Griechen
- Pan (336 S.)
- Poseidon (668 S.)

<u>Religion allgemein</u>
- Die sieben Schritte des Lebens (428 S.)
- Muttergöttin und Schamanen (168 S.)
- Totempfähle (440 S.)
- Der Urriese (168 S.)

<u>Jungsteinzeit</u>
- Göbekli Tepe (472 S.)
- Die Göttin von Göbekli Tepe (144 S.)
- Die Rituale von Göbekli Tepe (112 S.)

<u>Ägypten</u>
- Hathor und Re 1: Götter und Mythen im
  im Alten Ägypten (432 S.)
- Hathor und Re 2: Die altägyptische Religion
  – Ursprünge, Kult und Magie (396 S.)
- Isis (508 S.)
- Ma'at (200 S.)

<u>Indogermanen</u>
- Die Entwicklung der indogermanischen
  Religionen (700 S.)
- Wurzeln und Zweige der indogermanischen
  Religion (224 S.)

<u>Christentum</u>
- Christus (60 S.)
- Die Biographie des Teufels (144 S.)
- Die Magie der Propheten Elias und Elisa (96 S.)

<u>Psychologie</u>
- Über die Freude (100 S.)
- Das Geheimnis des inneren Friedens (252 S.)
- Das Beziehungsmandala (52 S.)
- Gefühle und ihre Verwandlungen (404 S.)
- einsgerichtet (140 S.)
- Liebe und Eigenständigkeit (216 S.)
- Von innerer Fülle zu äußerem Gedeihen (52 S.)
- Kreative Hochzeits-Rituale (56 S.)

<u>Heilung</u>
- Die Symbolik der Krankheiten (76 S.)

<u>Kunst</u>
- Herz des Tanzes – Tanz des Herzens (160 S.)
- Die Wurzeln der Kunst (60 S.)
- Wege zur Musik-Improvisation (32 S.)

<u>Drama</u>
- König Athelstan (104 S.)

<u>Roman</u>
- Maran der Schamane (548 S.)
- Maran der Zauberlehrling (676 S.)
- Maran der Harfner (700 S.)
- Maran der Krieger (700 S.)
- Maran der Magier (900 S.)
- Maran der Weise (900 S.)

<u>Entwürfe für die Zukunft</u>
1. Die 12 Stile des Tierkreises (164 S.)
2. Die 12 Gedanken zur Energie (108 S.)
3. Die 12 Phänomene der Schwingungen (60 S.)
4. Die 12 Qualitäten des Wassers (92 S.)
5. Die 12 Fundamente des Wohnens (96 S.)
6. Die 12 Grundprinzipien einer umfassenden
   Gesundheit (32 S.)
7. Die 12 Zonen des menschlichen Körpers (80 S.)
8. Die 12 Zutaten der Ernährung (60 S.)
9. Die 12 Flüge der Bienen (148 S.)
10. Die 12 Sichtweisen auf Genußmittel und Drogen (96 S.)
11. Die 12 Möglichkeiten der ganzheitlichen Medizin (92 S.)
12. Die 12 Ansichten über das Impfen (36 S.)
13. Die 12 Leitlinien der Erziehung (44 S.)
14. Die 12 Richtungen des Denkens (84 S.)
15. Die 12 Arten des Lernens (56 S.)
16. Die 12 Seiten einer umfassenden Bildung (36 S.)
17. Die 12 Ansätze zu effektivem Handeln (76 S.)
18. Die 12 Konzepte der Arbeit (48 S.)
19. Die 12 Arten der neuen Technologien (36 S.)
20. Die 12 Betrachtungsweisen der künstlichen
    Intelligenz (48 S.)
21. Die 12 Eigenheiten des Geldes (40 S.)
22. Die 12 Funktionen der Steuern (56 S.)
23. Die 12 Betrachtungsweisen der Sozialberufe (60 S.)
24. Die 12 Strategien der Macht (64 S.)
25. Die 12 Anforderungen an ein neues Wertesystem (48 S.)
26. Die 12 Bausteine einer neuen Gesellschaftsform (52 S.)
27. Die 12 Tore zur Sophikratie (80 S.)
28. Die 12 Pfade zum Frieden (48 S.)
29. Die 12 Säulen des Naturrechts (56 S.)
30. Die 12 Grundlagen der Beziehungen (52 S.)
31. Die 12 Spielfelder des Fußballs (108 S.)
32. Die 12 Wege der Kunst (60 S.)
33. Die 12 Wurzeln eines erfüllten Lebens (44 S.)
34. Die 12 Bereiche des Bewußtseins (56 S.)
35. Die 12 Tempel der Religionen (84 S.)
36. Die 12 Aspekte eines einheitlichen
    spirituell-physikalischen Weltbildes (72 S.)
37. Die 12 Dynamiken der Verwandlung (44 S.)
- Sammelband 1 „Natur" (492 S.)
- Sammelband 2 „Gesundheit" (512 S.)
- Sammelband 3 „Bildung" (524 S.)
- Sammelband 4 „Gesellschaft" (416 S.)
- Sammelband 5 „Psyche" (380 S.)

die „Anfänger"-Reihe
- The Synthesis of Physics and Magic (192 p.)
- Telepathy for Beginners (60 p.)
- Telepathy for Advanced Learners (52 p.)
- Telekinesis for Beginners (56 p.)
- Life Force for Beginners (76 p.)
- Kundalini for Beginners (104 p.)
- Astral Projection for Beginners (60 p.)
- Meditation for Beginners (60 p.)
- Prophecy for Beginners (60 p.)
- Ritual Magic for Beginners (64 p.)
- Magic Chant for Beginners (108 p.)
- Invocations for Beginners (52 p.)
- Evocations for Beginners (62 p.)
- Auto-Movement for Beginners (60 p.)
- Elves for Beginners (56 p.)
- Hypnosis for Beginners (56 p.)
- Love Magic for Beginners (52 p.)
- Money Magic for Beginners (60 p.)
- Magic Objects for Beginners (64 p.)
- Shamanism for Beginners (52 p.)
- Chakra-Magic for Beginners (148 p.)
- Language of the Moon – for Beginners (128 p.)
- Self Knowledge for Beginners (60 p.)
- Da'ath-Magic for Beginners (64 p.)
- Astrology for Beginners (112 p.)
- Number Symbolism for Beginners (64 p.)
- Mandalas for Beginners (76 p.)
- Crop Circles for Beginners (344 p.)
- Feng Shui for Beginners (96 p.)
- Magic Research for Beginners (140 p.)
- Magic for Beginners – Anthology I (636 p.)
- Magic for Beginners – Anthology II (616 p.)
- Magic for Beginners – Anthology III (684 p.)
- Magic for Beginners – Anthology IV (580 p.)

Eilenstein, Frater V.D., Knecht, Büdenbender
- Living Magic (261 S.) (= „Magie heute")

sonstige englische Ausgaben
- The Biography of the Devil (140 S.)
- The Synthesis of Physics and Magic (192 S.)
- The Chakra-System with the Minor Chakras (304 S.)